奴工╳人生抉擇╳命運之輪

奴性人生

解答書

THE BOOK OF SLAVES

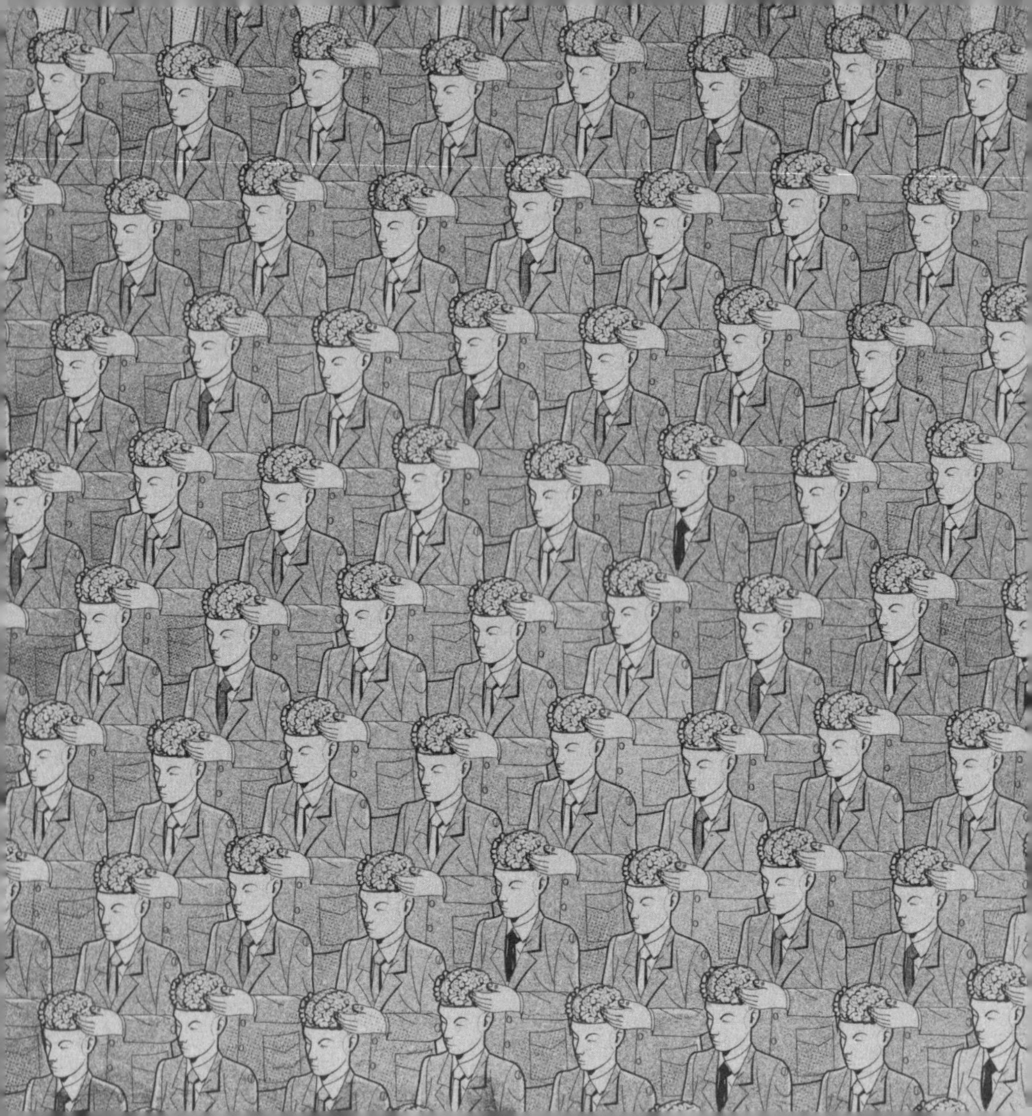

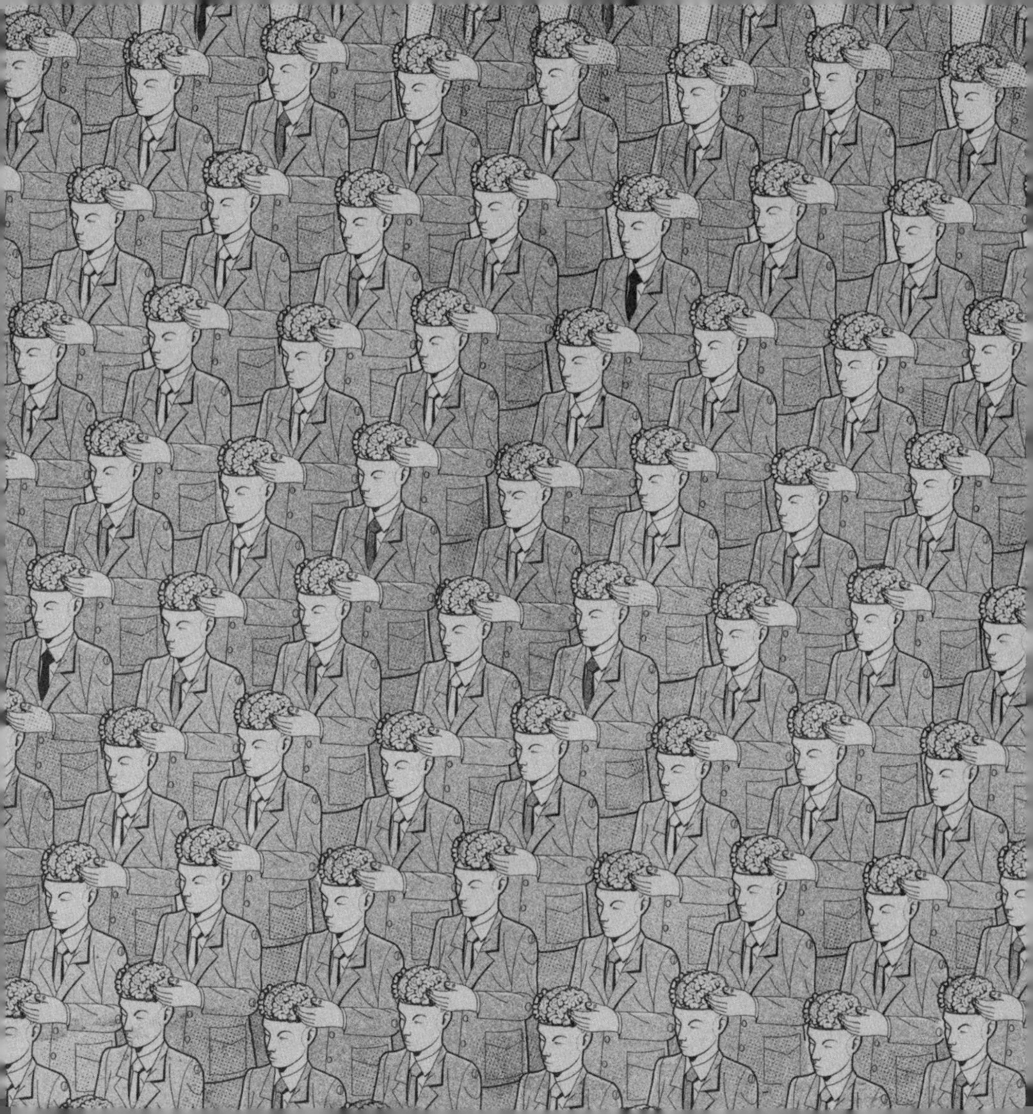

HOW TO USE THE BOOK OF SLAVES

使用步驟如下

Step 1

靜心準備

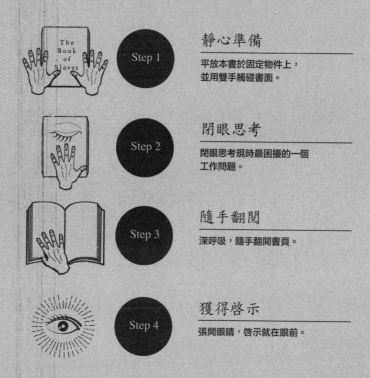

平放本書於固定物件上，
並用雙手觸碰書面。

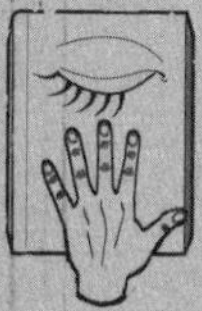

Step 2

閉眼思考

閉眼思考現時最困擾的一個
工作問題。

Step 3

隨手翻閱

深呼吸，隨手翻開書頁。

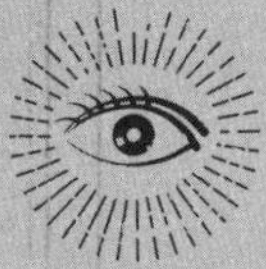

Step 4

獲得啓示

張開眼睛，啓示就在眼前。

我終於做到一個堂堂正正嘅鍵盤戰士

供稿者：小薯

不知不覺，我已經離開咗前公司三年，原因係打字太大聲被趕走。前公司係我第一份工，做咗兩年，間公司同屋企幾近，知道有 offer 嗰陣，我真係以為自己會喺度做成世。點知做到第二年，公司嚟咗個新同事，佢係一個四十歲嘅大媽，做咗半年就話我打字大聲，搞到佢心臟病、甲狀腺水平高要睇醫生，但從來都冇提供過任何醫生證明。收到投訴嗰陣，我重以為上司會撐我，點知上司居然叫我打字細聲啲，唔好影響其他同事。（利申：我做資料輸入員，大媽做埋數，佢坐喺我隔離）

當時，我不以為然，照平時咁做嘢，字亦都照平時咁打。結果，大媽同其他同事，包括上司夾埋畀說話我聽：「啲人冇家教㗎，打字咁大聲！」、「食屎都細聲過佢啦！」、「都唔知點解要生啲咁變態嘅人出嚟……」等等，其他嘅我唔記得，只記得呢幾句。之後上司重隱晦咁同我講，如果我肯同佢發生關係，就可以留我喺度繼續返工。最後我辭咗職，直到而家，我重好記得，last day 嗰日，我係喊住走。

點解我要 share 出嚟？因為我放低咗，終於放低咗！轉到去而家間新公司後，開頭入職時我小心翼翼咁打字，出席聚會都驚會俾人鬧俾人話，搞到自己好大壓力；上司發現到呢個情況後，主動向我了解，我就講咗前公司嘅嘢畀佢聽，佢第一反應係：「黐線㗎？打字都覺得嘈，返屋企瞓覺啦，唔使做呀？」我當下好感動，因為終於有人企喺我嗰邊；上司亦同我講參與聚會與否係個人意願，只要參加年頭年尾公司嘅晚宴就可以，重話請我返嚟係做嘢，做到嘢就得，聚會係閒事。

到呢一刻，我都覺得自己可以喺陰影下走返出嚟，真係一件好事，原來世界好大，無謂為咗一棵樹放棄成個森林。我上司今年退休，好多謝佢成為我哋條 team 嘅支柱，亦好榮幸做到佢嘅下屬！

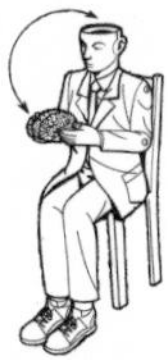

「你值得擁有更好」

一件散水餅等於一面照妖鏡

供稿者：心淡小薯

喺同一間公司做咗十年，由原本做得好開心變到好心淡，我決定離開係因為覺得自己受到唔公平對待。本身人工得 $10K 已經好少，重要我硬食做咁多下欄嘢，我真係頂唔順……

遞信嗰日老世話我一定會後悔，我叫佢放心，我唔會後悔。遞信之後我同所有人講：「多謝大家，我決定辭職喇，大家唔需要破費同我搞歡送會。」點知遞信第二日，老世同其他人就開始安排我日日一個人做嘢，重趁我自己一個人做緊嘢嗰陣，走去茶水間一齊開大食會，細聲講大聲笑……

到我上星期 last day，我冇買到散水餅，班舊同事趁我離開大門嗰刻，大聲問我：「做咗咁多年，唔係連六十件西餅都買唔起呀？請唔起全公司，請我哋呢 team 人都好吖，計埋都係十個人啫！」當時我聽完真係呆咗，唔識畀反應，直接答：「當初我都講明唔使大家破費同我搞歡送會，原因係我唔想虧欠大家，所以根本唔使請大家食散水餅！」

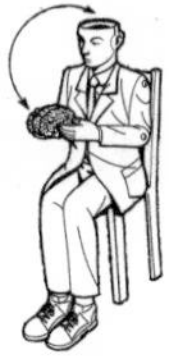

「離開這裡，並不可惜」

Marketing界世外高人

供稿者：無名

公司個 Senior Marketing Manager，自稱乜都識，重話俾出面高薪挖角。

點知畀佢睇圖嗰時，佢拎咗把膠間尺出嚟度個電腦 mon，跟住發晒爛渣咁話：「條 banner 做乜咁短？」

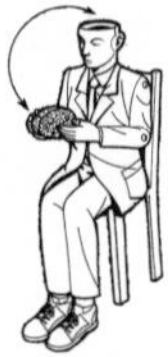

「不要相信你的上司」

人生就是不停地中伏轉工，中伏再轉工

供稿者：肥仔貓

上年年底好大膽咁放棄咗份人工同福利都幾好嘅工，轉咗去間中資公司度做，人工同職級都升咗，但點知呢個原來係惡夢嘅開始。返工之後發現同team 同事半年已經走咗十幾個，連第一日返工時教我嘢嘅同事，都喺我返新工嘅第三日無啦啦走咗⋯⋯

除咗員工流失得快，間公司嘅作風都好怪！我早咗返到公司去個廁所會俾人鬧，電腦有問題想搵 IT 整又俾人鬧，連枝筆壞咗想問隔離位借都鬧。然後某日，老世個仔啲功課做唔切，叫我幫佢做，但我拒絕，結果係點？當然都係俾人鬧啦，最後重俾人炒埋！

但問心，其實嗰下都幾開心，因為終於可以離開呢間公司，我諗我自己都有唔啱嘅地方⋯⋯但反省過後知道自己想要咩，再搵工，慢慢嚟慢慢搵，幸運地好快就搵到重轉埋行，好感恩人工冇減，希望大家都可以搵到份心儀嘅工啦！

「轉變將為你帶來美好的機遇」

辦公室學堂

供稿者：90後無名氏

我喺一間傳統大集團打工，集團旗下有十多間分公司。呢個集團有一個好奇怪嘅文化，就係規定員工要好似大學咁上堂讀書……每個月都有唔同主題嘅課程，例如「如何做一個好下屬」、「甚麼是團隊」、「品質管理」及「如何提升溝通能力」等。最莫名其妙嘅係要員工學習「廁所文化」，教我哋點樣去廁所可以去得乾淨啲，另外又要學揸筷子，最離譜係學完要考試！真係好想知，我點揸筷子關公司咩事？

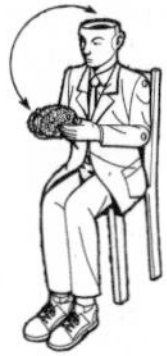

「先裝備自己，再挑戰自己」

我懷疑自己是廢物

供稿者：返工返到想喊嘅小男人

我喺澳洲大學畢業咗接近一年，先後做過三間公司，頭兩間因為疫情執咗，最後搵咗而家份工，人工只係得 $11K，六天工作制，當時因為見 send 咗接近過百封 CV 都冇回音，唯有馬死落地行，接受咗 offer 先，有機會再另謀高就……啱啱返呢份工時，日日都要 OT 做到夜晚十一點，過咗三個月後，見老世好似幾滿意我表現，於是我就提出想加人工到 $12.5K，點知佢一句彈埋嚟：「你憑咩要我加你人工？」聽完之後我反應唔嚟，求其回應咗一句就返埋位繼續做嘢。

因為老世呢句，我開始懷疑自己工作能力同態度。今日食 lunch，我去咗海邊，一個人淋住毛毛雨，靜靜地食飯，食食下喺度喊，喊唔係因為人工低，係因為我開始懷疑自己。

「不要委屈自己」

鍾意返工的奇蹟

供稿者：愉快工作小薯

雖然我人工得 $8K，但我每日返工都好開心！公司冇是非之餘，我每日返工只係數下鉛筆、吸下印仔、覆下 e-mail 或者 fax 下嘢，做完差唔多六點就收工。有啲同事重會日日煮咖喱飯、煲粥、煲湯同打邊爐，每次都會叫埋我一齊食，老世聞到香味都會話預埋佢一份。

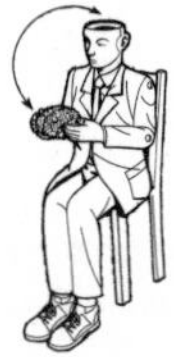

「現在的狀況不俗，保持下去」

為咗請食飯，可以去到幾盡？

供稿者：Peter Li

部門大佬吹雞話請全 team 人食飯，講到係威係勢咁，最後居然帶大家去食叉燒飯都算，阿頭重叫人唔好嗌凍飲，叫我哋唔好去到咁盡……

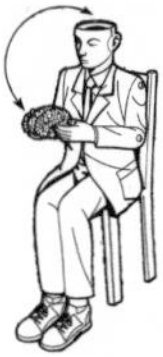

「凡事不要做得太盡」

完美復仇記

供稿者：無經驗嘅新人

因為做開嗰行個市差，唯有轉行，份工得 $11K，返工兩日已經俾人由屯門調去將軍澳返工。當初請我嗰個係我上司嚟，見工時我已經話畀佢知我完全冇經驗，佢當時話冇問題，可以教可以學……結果返咗工之後，佢唔教都算，重下下用專業術語講嘢，我聽唔明就鬧、日日見到同事就鬧，但佢自己其實又唔熟啲工作內容。最後我捱咗三個月就決定辭職，佢專登玩嘢安排所有同事放假，得返我同佢兩個返工，我直接同 HR 講賠錢走，上司知道咗之後話會封殺我，唔畀我做返呢行……

結果第二間公司用三倍人工請我，而家唔只人工高咗，新公司重要咁啱同前公司喺同一座大廈，而且舊公司就向緊新公司租場，所以佢有咩要求都要向我哋低聲下氣咁問，而家真係每日返工都好享受！

「相信自己的直覺」

有啲嘢，真係要用錢去賠償！

供稿者：CliperCliper

上年喺某大公司返咗兩個幾月工，受盡欺凌同歧視，最後更俾舊公司解僱，七月勞審時，幸得審裁官支持，公司賠咗代通知金，後來我因為呢件事情緒受困，搞到要睇精神科，分別確診創傷後遺症同抑鬱症，醫生指未來五年要用 $180K 去醫。

結果律師認為成個索償可以去到 $230K 至 $280K，哇，返兩個半月工，竟然可以收廿幾萬？世事嘅嘢，真係意想不到……

「順其自然，反而會有意想不到的收穫」

進擊的奴Body

供稿者：奴性之極致

八年前我份工已經可以在家工作，但咁多年嚟，我都慣咗喺屋企做完嘢就返公司，幫其他同事執手尾，放假時亦會主動做嘢，最後進化到去旅行都做嘢！

有一次老世突然喺我去旅行期間，block 晒我公司啲 accounts，同我講：「你再唔放假我就炒你！」當下我竟然心諗：「老世有冇搞錯？」

真心想知，我咁樣係唔係奴性好重？

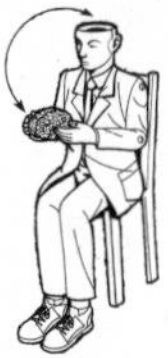

「你需要休息一下」

OT？不了

供稿者：反奴性

有一日，上司同我講：「點解你唔 OT 做埋啲野先走？部門阿姐都未走，你點解可以早走過佢？」我就答佢：「工作係做唔完㗎，我喺要求嘅日期前畀到你要嘅嘢你就得。另外，如果你咁介意我返九放六，咁唔該你同人事部講，起返份返九放十一嘅合約畀我，再睇下我到時簽唔簽。」自此之後，上司唔敢再同我講要 OT。

其實我之前都好似一般香港市民咁，日日 OT，O 到十點至十一點，有開工冇收工，結果得到一場大病，死過返生，就明白人死咗咩都冇。各位重日日 OT 嘅朋友，真係要小心身體，有病起上嚟，賺幾多錢都會嘔返出嚟，分分鐘重會嘔突！

「不要再浪費時間」

人海茫茫，好老世給我遇上了

供稿者：小店員工

一生人流流長，真係未必會遇上一個好老世，但我遇到！

話說老世決定一家三代一齊移英生活，公司結業前一晚同我哋一班伙記食飯。飯局中老世突然向我哋派支票：「除咗法律規定嘅，呢啲係我同個仔商量後，決定將賣樓賣舖後嘅錢都分一部分畀你哋，雖然每人都係分得幾十萬唔算多，但希望幫到大家，香港加油！」其實計返成十個員工，老世額外攞多近四百萬出嚟分。我哋所有員工都祝佢一家新生活順利。

「你的貴人將會出現」

爆笑會議紀錄

供稿者：小小文員仔

以下係我喺豪宅做文職時嘅真實會議紀錄：

村經理問保安：「點解保安員成日跌爛枝筆？」

保安主管：「因為外面保安做嘢嗰時，枝筆會跌落硬地，唔係好似寫字樓咁跌落地氈。」

村經理：「要點先可以唔跌筆？」

保安主管：「除非地球冇咗地心吸力。」

好記得嗰次會議全部人都忍笑忍得好辛苦，單嘢重俾人講咗好耐……

「多與聰明的人為伍」

公司是我家，防火你參加

供稿者：留守火場嘅APEE

今日公司火警演習，admin 一早通知晒全世界，叫全公司嘅人一定要參加，點知警鐘真係響嗰時，阿頭突然同我哋講：「我哋 team 比較多嘢做，唔使出去啦！」有同事話：「但 admin 話每個同事都要參加喎……」點知阿頭一言驚醒洛克人：「總有人要留低俾火燒死，我哋演習呢部分就得！」之後全 team 人啞咗繼續做嘢……

「聞風不動為上策」

Dear BR

供稿者：你好我叫Best Regard

某同事同外國公司用 e-mail 傾合作，對方每次回覆都會寫「BR, ABC 公司」，然後同事每次回覆時都會寫「Dear BR」……

「認真就輸了」

霸氣見工

供稿者：海外FG見工奇遇記

我搵工搵咗半年，喺求職網站睇到唔少公司話請人，有啲寫「Fresh graduate will be considered」，但見工時話我冇經驗唔請；有啲寫人工有 $15K，到面試時又話只可以畀到 $12K。明明我畢業嗰間學校係全澳洲第一，見工時 HR 都可以話：「你間 U 唔出名我未聽過……」有啲 HR 就會考我英文，用英文對答，但佢啲 wordings 同 pronunciations 都錯晒……聽佢講完我都要諗一陣先答到，但佢竟然話返我英文差……最後我笑住答佢：「如果你唔滿意，我唔會委屈閣下請我。」

利申：佢最後都有請我，但我冇接受到。

「不要低估自己，你仍有更好的選擇」

對唔住，我係臥底

供稿者：Sorry其實我係臥底

公司條 design team 個個都做咗十幾年，疊埋心水喺度過世，淨係交啲小畫家都做到嘅嘢出嚟，後來高層為咗整頓一下，就請咗一位 senior designer 返嚟，點知成條 team 即刻起晒彁，驚人搶佢份工，不停針對呢位新嚟嘅 senior。

三個月之後，呢位 senior 成功過咗試用期，公司出咗個 e-mail，公開呢位 senior 真正嘅身份係 design team 嘅新阿頭，而班老屎忽就俾人一個個咁炒晒……

「小心行事」

尋工記

供稿者：彈出comfort zone又彈返入嘅人

本身我性格內向，但為咗豐富下 CV 同想博升職就去咗做 marketing，重轉咗去好 chur 嘅 team 度做⋯⋯點知真係做唔嚟，日日俾老世話，加上老世易躁，試過俾佢拍我個頭咁鬧，搞到日日都懷疑人生。

後期我經常心悸，又唞唔到氣，一返工心跳就上一百二十，重經常失憶，記唔到嘢，繼續俾老世鬧，地獄無限 loop。最後終於放棄咗升職念頭，重轉埋行，搵過份啱自己性格同節奏嘅工⋯⋯

轉工之後症狀減輕咗好多，由以前日日被批評變成被欣賞，重多返時間休息同自我增值，所以搵份啱自己嘅工真係好重要，要珍惜生命！

「這階段過後，一切便會好轉」

捉妹記

供稿者：阿哥的直白

阿妹日日 OT 到好夜先收工，但阿媽偏偏唔信，成日話阿妹可能有男朋友，瞞住佢拍拖……我講極佢都唔聽。有晚阿媽直情踩上去阿妹公司，點知見到阿妹成間公司嘅人都喺度 OT 做緊嘢，阿妹話嗰晚真係想搵窿捐……

「多相信身邊的人」

你今日print咗未？

供稿者：超高科技

公司有個新同事send咗份文件界我，我睇完之後叫佢print出嚟一陣間開會用，跟住佢用電郵覆返我，而個電郵就得一個「print」字，當時我唔係好明，但我太忙所以冇理佢，跟手我又send咗一個客嘅電話界佢，叫佢call個客上嚟拎嘢，跟住佢又用e-mail覆返我，又係得一個「call」字，我又唔明佢做緊咩，就冇理佢……

點知臨開會前我問佢print咗啲嘢未，佢話：「我叫咗print但冇嘢印出嚟……」我：「唔明。」佢就開咗個得個print字嘅e-mail界我睇，我又問佢call咗個客未，佢又開有個call字嘅e-mail界我話call咗冇反應……我當堂呆咗咁望住佢，真係喺度諗：「到底而家係科技已經先進到喺e-mail打command就可以做晒啲嘢，定係佢個腦壞咗？」

「並不是每件事都如你所想」

男朋友憑實力失戀

供稿者：白三

尋日收工搭車，聽到隔籬有一對情侶好大聲講嘢，個女朋友講起一單新聞關於一名六十四歲伯伯打幾份工，喺尖沙咀死咗……點知個男朋友聽完，懶幽默咁講：「少壯不努力，老大衰收尾。」然後又話個阿伯冇理由咁大年紀都咁廢，臨老都要打幾份工，一定係後生嗰時唔識理財。

女朋友開頭聽完都冇出聲，但個男朋友就得得戚戚咁繼續講，突然女朋友忍唔住，喺架車度勁大聲講：「收聲啦！你好叻咩而家？」之後女朋友就落咗車。

「小心自己的言行」

壓力山大下屬

供稿者：阿B

下屬話身體唔係好舒服請咗兩日病假，病完返嚟同我講佢壓力好大，又話醫生叫佢唔可以再承受咁大壓力，於是佢同我講話唔可以再 OT 超過七點，如果唔係會影響身體。自此之後，每當我畀嘢佢做，佢就會叫我體諒佢，跟手叫我幫手做埋佢啲嘢……咁佢份人工係唔係可以出埋畀我？

「想達成目的，需要別人的協助」

抑鬱人生

供稿者：返工返到抑鬱好想死

我做嘅第一份暑期工，因為條 team 啲位 full 晒，所以佢哋安排咗我去第二條 team 度坐，但兩條 team 相隔好遠，又得我自己一個人做嘢，之後經理話我表現好差，唔主動又唔合群，重話我朝早唔識主動行埋去同佢打招呼，又話我唔請大家食零食。

到我返第二份工，老世同上司係咁踩我，咩都話我做得差，搞到個人勁冇自信，跟住第三份工，上司又大細超，偏袒某刷鞋同事，每次有功勞都畀晒佢，我就冇得升職冇人工加。

第四份工，公司好多員工活動，但我本身已經好忙又晚晚 OT，就好少參與，加上我又唔識討好老世，搞到老世以為我好憎公司，唔知做咩𨅝咗我……

每份工都返到勁唔開心，自問工作能力唔差，準時交貨，有禮貌有交帶，但冇人欣賞之餘重要俾人針對，想靜靜地做嘢都俾人搞到咁，而家重有埋抑鬱，裸辭咗成年冇返工，亦冇勇氣再搵工。我覺得好辛苦，唔識再去面對社會……

「是時候改變一下生活模式」

我真係好鍾意返工

供稿者：合約精神收工走人

我公司好多員工都係得 $15K 左右，工作時間係九點半至六點半，通常我做晒啲嘢就準時走，但唔知點解我次次走，其他同事都未走。喺好奇心驅使下，我揾咗一日專登留喺公司睇下佢哋幾點走，終於畀我發現佢哋每日原來平均放十一點半！

人工又唔係高，工時又長到咁……究竟係佢哋有病定係有公司股份？

「跟隨自己的內心」

齊上齊落齊裸辭！

供稿者：80後中佬

跟咗個男上司做嘢十幾年，見證公司從零開始，惟好男不與女鬥，男上司最後灰心裸辭，條 team 全部人拉大隊跟大佬裸辭，齊上齊落，其他同事話我哋傻，公司笑我哋低能。

最後裸辭休息咗唔夠一個月，男上司開咗個 group 急 call 大家：「唞夠啦！係時候返新工，跟我嘅聽日飯堂見！」最終，唔計要湊仔嘅，其他同事都返咗呢份新工，繼續齊上齊落，人工重好過之前，所以幾時都話，跟啱大佬好重要！

「不顧後果，反而會得到好結果」

見工變送殯

供稿者：Akiee Gdakiee

有次見工，正正常常著恤衫西褲，HR話我著到好似送殯咁，我即刻話：「係囉，你咪係我要送嗰個……」然後佢黑晒面，我就拎埋張相同申請表走咗……

「這份工不要也罷」

年輕怎麼就是錯？

供稿者：見工小薯

話說之前去一間體育用品公司見工，俾一個四五十歲肥肥地嘅長髮女人劏咗我五分鐘！佢問我喺事業上有咩期望，我話想 take 一個 senior 啲嘅角色，點知嘢都未講完佢就即刻話：「吓？你咁後生就想做 senior？啲嘢你識晒嗱？」然後重話：「你咁後生會唔會太過自信？」跟住連珠炮發問埋我係咪獨生子、屋企人做咩……

阿嬸呀，我知你想串我喺溫室長大，但其實後生唔係罪，有野心有目標都唔係錯！重點係我嚟見工咋，你冇糧出畀我喋！

「保持你的EQ」

Call me PPT maker

供稿者：力量點製作員

公司開會成日少少嘢都要整份 PowerPoint，一日至少開三至四個會，幾乎每一個會討論嘅問題都要整一份 PowerPoint！內容例如係「今個月公司訂咗幾多廁紙？」、「廁紙用晒喺邊？」、「廁紙價格同質地」、「如何鼓勵同事用少啲紙巾」、「過去半年廁紙使用量」，以上全部都要做統計分析！

所以不論咩職位，全部人都係 PowerPoint maker，有冇見過一個幾千字嘅 PowerPoint？我真係見過！

「別浪費時間」

在線上

供稿者：做到氣咳嘅小薯

話說有時喺夜晚十二點左右，我會收到老世嘅 WhatsApp call，但我好清楚佢唔會喺夜晚打嚟，所以估計都係佢老婆嚟……有時我會專登唔聽，點知有晚佢竟然留言鬧我：「你做咩半夜三更唔瞓覺，喺我老公個 WhatsApp 度在線上？」佢又唔聽我解釋 WhatsApp 個原理係咩，重話：「我梗係識用 WhatsApp 啦，使咩你教？」佢真係我人生見過最極品嘅女人！

「小心別太輕易受人影響」

IT奇人

供稿者：無言

有次同事話個鍵盤打唔到字，我叫佢拉一拉條線睇下點，之後佢話試咗都係唔 work，我伸個頭過去望一望，原來佢拉咗條線之後又冇插返插座，我就話：「你冇插返一定打唔到字㗎。」點知佢話：「你都冇話要插返！」

利申：我唔係 IT，只係坐佢附近。

「太上心只會使你失望」

贏咗人工，冇得放鬆

供稿者：靜靜哋

近排做嘢好大壓力，甚至懷疑患上暴食症，後來去睇醫生，佢介紹我睇《戀愛病發》呢套戲，我睇完之後覺得自己好似主角，然後我真係聽醫生講，迫自己放低工作，迫自己去海邊行下睇下日落，當刻我真係感覺到戲中主角所感受嘅嘢，花咁多時間望住個太陽落山係好嘥時間，但嗰日係我呢排覺得最平靜同最幸福嘅時刻，雖然好奢侈，但冇一樣嘢比放鬆心情更值得揮霍。

「選擇這份工，將會令你犧牲很多」

工作第一當不了世一

供稿者：豁達人生

我同阿媽分開住，自己又成日 OT，所以冇乜幾可見到佢，上個月我生日，佢特登約我收工食飯，但嗰日多嘢做，唔知幾點走得，所以我就叫佢唔好出嚟，但佢又話唔緊要，重話好耐冇行街，可以行住等……

點知一個鐘後我落樓下食煙，見到佢一個人企咗喺公園度，嗰晚重要凍凍地，望住佢孤零零嘅背影，我流咗兩滴眼淚，之後嗱嗱聲返上公司拎埋啲嘢走去搵佢，呢件事令我決心辭職，搵返份冇咁忙嘅工，陪多啲佢！

希望我嘅分享可以令日日 OT 做到隻狗嘅打工仔，更有勇氣為生活作出改變，共勉之。

「想清楚甚麼對你最重要」

心急人上

供稿者：奴工女友

我男朋友份工遲到要罰錢，加上佢份人好心急，所以日日都好緊張去追巴士返工，有時就算佢早咗出門口，離遠見到巴士埋站都會衝去上車，寧願早好多好多返到公司。

有日佢放假，我同佢朝早喺屋企樓下散步，離遠見到佢平日搭開嗰架巴士埋站，佢竟然扔低咗我，自己衝去上巴士，我大叫佢都聽唔到，最後佢上咗車坐低咗，發現我喺窗外望住佢，先醒起自己放緊假……

「欲速則不達」

頂硬上

供稿者: 細個讀書廢大個做設計

我係獨子，家父有長期病患，本身同家母一人一份工重維持到生計，點知半年前我突然因為患咗癌症入院做手術，用咗大半年治療，正當治療就快完結嘅時候就輪到家母有癌症，所以我都唔敢唞，要即刻復工……後來社運加疫情，令到公司生意唔好要裁員，我嘅工作量亦隨之大增，有時都要做到半夜、放假都要俾人急 call。有時我都會一個人坐喺公園，但更多時間係返到屋企即刻昏迷，喺呢度想同大家講聲加油，總有一日應該會守得雲開嘅！

「你的付出將有所獲」

牛眼

供稿者：小薯小小薯

話說之前舊公司嚟咗個法國實習生，雖然大家都有啲排外，但老世下令要佢融入我哋，千叮萬囑我哋一定要帶埋佢出去食晏……咁有次去食台灣嘢，叫咗花枝丸，個法國人問呢樣係咩嚟，班人答佢係牛眼，又呃佢鹽酥雞係炸老鼠肉，嚇到佢成餐飯淨係敢食白飯……

如是者過咗幾個月，佢一聽到我哋去食台灣嘢就唔跟我哋去，直到佢離職嗰日，唔知佢真心定假膠，佢真係去街市買咗一袋牛眼，然後拎返嚟炸，話因為知道我哋鍾意食，所以就當係臨走前一個小小心意，嗰下大家真係面都青埋，好彩佢冇睇住我哋食咋……

「學習尊重別人」

向所有奴body致敬

供稿者：小人物

今日搭港鐵嗰時見到一件好窩心嘅事，有位男士手拎住幾卷電線，同埋一盒工具箱。上車後有個目測三、四歲嘅女女問阿媽：「媽媽，叔叔對手同衫衫好污糟，佢好踎，唔乖唔沖涼。」男人聽到之後尷尬咁望咗個阿媽一眼，阿媽講咗句唔好意思，就同女女講：「叔叔唔係踎唔沖涼，佢好乖好努力，佢身上嘅污漬都係努力嘅證明，快啲同叔叔講：今日辛苦你喇！」女女望向叔叔：「叔叔，今日辛苦晒你喇，你好乖呀！」男人聽完窩心咁笑咗一下：「多謝你呀，小妹妹！」

「你的能力將會被賞識」

飯盒奇遇結良緣

供稿者：叮叮

有次我同個同期入職嘅同事一齊叮飯，咁啱我哋帶埋同一款飯盒，又咁啱嗰日個飯盒係屋企人幫我哋執，唔知裡面有咩餸，一齊食嗰時重喺度討論對方啲餸好吸引，點知當晚佢同屋企人提到個飯盒，佢先知道自己原來食錯咗我嗰個飯盒，後尾佢同我講返，大家都笑到傻咗……就係咁，我就同呢位同事做咗好朋友，一做就做咗三年，今日係佢 last day，想喺度祝佢 all the best！

「錯有錯著」

慢慢來比較快

供稿者：Andersen

曾幾何時我工作壓力好大，晚晚發惡夢，但其實過來人表示呢啲嘢要自己搵出路，唔係話即刻辭職就搞得掂，而我當初就選擇咗主動搵輔導傾偈。約咗時間之後，第一次上去心情都好忐忑，擔心自己會唔會有病，有病手尾長點算，會唔會控制唔到自己情緒……所以第一次見嗰時重爆喊，但好感恩遇到位好好嘅輔導員，用心聆聽同記住我講嘅嘢，傾偈嗰時重擴闊咗我嘅思路。

而家有時都會有工作壓力，但已經發少咗惡夢，亦可以控制到自己情緒，冇咁容易激動，亦學習咗同負面情緒共存，唔會再覺得辭咗職就可以一了百了，因為個核心問題係情緒出咗事，如果唔解決，下份工又遇著個惡頂上司，就會出現返相同嘅問題！

所以如果你而家好灰心，唔使急，唔使迫自己一時三刻即刻要好返，畀啲勇氣，約個專業輔導員傾偈會令你舒服啲㗎！

「問題將迎刃而解」

搬龍門專員

供稿者: Moon

老世朝早叫我哋寫封信畀個客，錄咗音同我哋講要點寫，我哋跟足佢意思做，但臨放工時佢睇完又話唔係咁，我哋播返段錄音畀佢聽，佢就話：「我咁講，唔代表你哋要跟住我寫。」

「做一些與你所想相反的事」

我有個菩薩再世嘅上司

供稿者：入職小薯

今個月返新工，工作上嘅嘢阿頭都好樂意解答，我住大西北，呢排又撞車又塞車，有次飛的返工，阿頭問我點解比同區嘅同事早咁多返到，我話我坐的士，佢居然話：「下次唔好嘥錢，有交通意外，遲到都會諒解。使百幾蚊返嚟好貴！」嗰下真係覺得我阿頭個頭頂有個光環喺度！

然後我阿頭早幾日重話知我有家庭，如果有時想早少少放工都可以話佢知，有時家長日遲返，小朋友病要睇醫生都可以出聲，話明白作為媽媽絕對需要彈性上班時間，聽到之後我真係非常感動！最正係阿頭會早我一個鐘收工，甚少OT，所以我每日都好準時打卡收工……

「學懂感謝」

養狗論

供稿者：狗奴才

今日老世喺社交媒體發布帖文：「養狗三日，狗記三年；餵人三年，人記三日，有些人狗還不如！」大佬，啲同事有做嘢你先出糧㗎，唔好講到啲同事喺度白飲白食啦！重有，正常人都會記得自己隻狗叫咩名，你又記唔記得啲同事叫咩名呀？

「不要太忠心」

紅橙黃綠青藍紫

供稿者：煩死

呢排搵咗個 freelance 設計師返嚟做嘢，簡單啲咁講，例如本身張圖係紅黃綠咁，我叫佢將綠色改做藍色，佢竟然會改咗做紅紫藍，咁我叫返佢將紫色變黃色，佢改完又變咗黑黃藍，我忍住道氣同佢講多次我要紅黃藍，最後我得到嘅係紅黃綠……

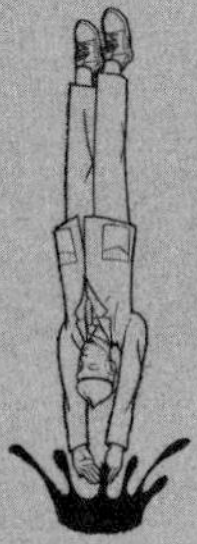

「適當地發火可以解決問題」

我做街市我自豪

供稿者：溫柔嘅豬肉婆

同人講我做街市，成日俾人笑咁後生就入行，但我真係好想講，我情願有工開、有收入，都唔想日日喺屋企！我又冇去偷冇去搶，職業無分貴賤，如果你失緊業，重唔願放低身段，真係冇人幫到你！

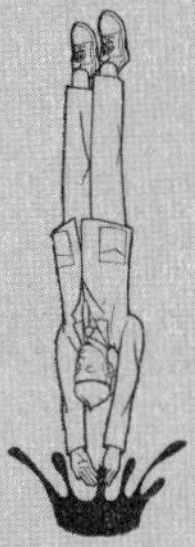

「不要鑽牛角尖」

一場誤會？

供稿者：不怕強權的小職員

距離完約重有三個月，但上司突然打嚟話份約完咗，轉咗我去其他公司，話我份雙糧都會照出，但唔會賠返一個月錢畀我，重叫我簽離職信畀佢，如果唔聽佢話，我嘅前途就會被受影響……之後我話：「勞工處見，bye bye。」收咗線後佢用另一個電話再打嚟同我講係一場誤會，叫我唔好同勞工處講，重出返晒所有我應得嘅嘢畀我……

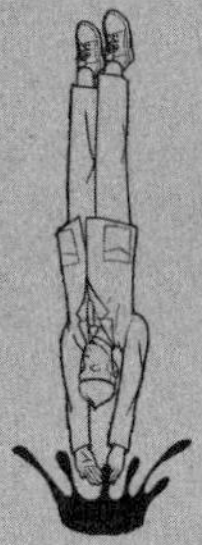

「不要退讓」

在座返工嘅咁多位都係垃圾

供稿者：飛髮佬

女上司一返工冇耐就好似全世界得罪咗佢咁，對公司所有嘢都唔滿意，所有員工喺佢眼中都係垃圾。有次有個同事做嘢時唔小心撞跌咗部釘書機落地下，佢見到後即時捉同事入房，講晒粗口係咁鬧，話個同事破壞公司財物，要出警告信畀佢，可能件事太低能，人事部冇理佢，最終不了了之。

然後又有一次，有個新人啱啱入職，唔熟公司運作，佢又亂教人，其他做得比較耐嘅同事想糾正佢，佢又開口鬧：「你喺度做咗幾耐呀？識乜嘢呀？」但明明實情係佢唔熟公司運作，亂改嘢，出事後又賴落班細度！自從佢坐正做阿姐後，每個星期一都有人遞信走，請人都請唔切，部門運作大受影響，我自己都搵工走咗。

上兩個星期，聽舊同事講，有一日佢俾人叫咗返總部開會，一個鐘後，見佢 quit 晒所有 WhatsApp 群組，俾人炒咗，前前後後做咗唔夠半年。

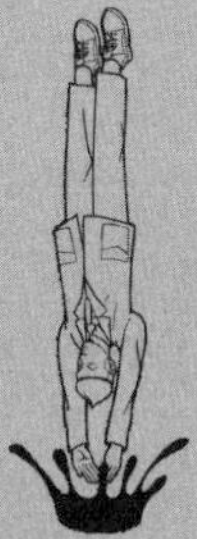

「善有善報，惡有惡報」

公司有個K歌之王

供稿者：LOL

隔籬位個同事好鍾意唱歌，明明個個好專心咁做緊嘢，成日做做下都會無啦啦聽到佢唱歌，但佢又唱得幾好聽，有時聽佢唱歌都幾放鬆……重會想聽耐啲，阿頭心情好時都會同佢點歌，有時 Happy Friday 會變成同事嘅演唱會！

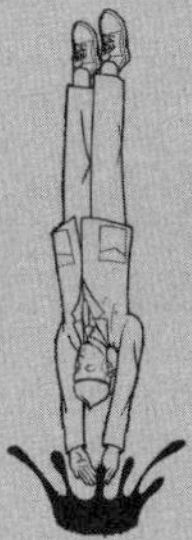

「隨心一點」

明知故問

供稿者：Roman

公司最近請人，見咗十幾廿個都唔啱，是日又見多咗三個，HR問：「點解我哋要請你？」個人認為呢條係史上最低級嘅問題，點知見工者反問返佢：「乜你哋唔係請緊人咩？」

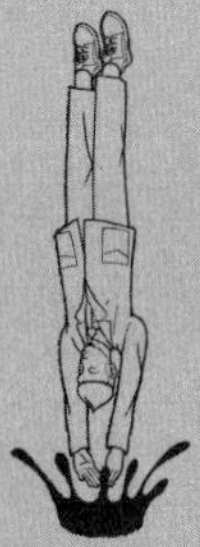

「不要問蠢問題」

獨樂樂

供稿者：其實自己一個更開心

我由一間同同事關係好好嘅公司，轉咗去一間每個人都自己食晏嘅公司，搞到啲朋友成日覺得我好孤獨，但諗深一層，如果啲同事係玩唔埋嘅，自己一個食飯反而係一日裡面最放鬆嘅時刻，完全唔覺得孤獨，反而好享受自由嘅空氣！

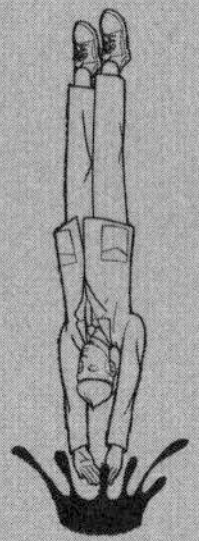

「毋須在意其他人的想法」

我真係恭喜你呀！

供稿者：長州賓客

公司規模唔大，同事結婚請我哋飲，包括老世都係賓客之一，婚宴司儀係新娘個朋友，婚宴期間司儀話：「我知一對新人嚟緊打算辭職一齊創業，唔再受老世氣，祝佢哋喜上加喜，前程似錦！」

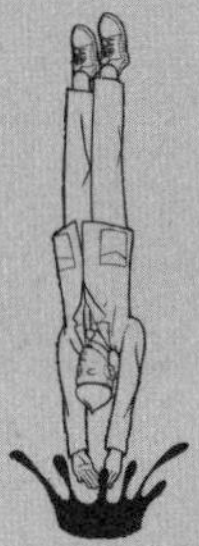

「別得意忘形」

曾經有一個能幹嘅下屬喺我面前……但我冇珍惜

供稿者：七味粉

前排下屬喺毫無預兆嘅情況下遞信畀我，我收到之後真係唔識反應，因為佢係其中一個我好賞識嘅下屬，冇諗過佢會突然辭職……當刻個心真係𥄫咗一下。收到信後我同佢傾咗陣，佢話感覺自己嘅付出冇回報，覺得自己好似總係達唔到我哋標準……最後有第二間公司畀咗offer佢，就決定去第二度闖。

其實佢做得好好……我帶咗咁多年人，佢係我其中一個睇好嘅下屬，可能係我冇乜開口讚過佢……令佢覺得自己嘅努力得不到認可，我有用力留佢，佢都話不了，心意已決，一切都太遲……

唉，如果可以返返轉頭我會多啲讚佢同畀多啲鼓勵佢，但anyway，都希望呢位同事all the best，希望佢可以跟到一個識得珍惜佢嘅上司。

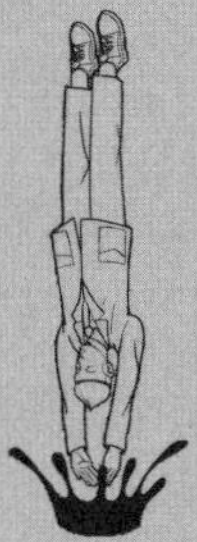

「再不行動，你會後悔」

半條廚師腸撐起我頭家

供稿者: 香港日常

上份工有個中層男同事，日日都帶女朋友整嘅愛心飯盒做 lunch，但見過幾次個飯盒都係得半條廚師腸，其餘都係飯……汁都冇滴……有時甚至連腸都冇，得兩棵西蘭花！男同事話要供樓所以好慳，試過公司請食飯，佢打包晒食剩嘅嘢，話拎返去畀女朋友食，有時睇到佢咁都好心酸，好在都有啲同事幾好，如果嗰日飯盒有多啲餸，都會分畀佢。

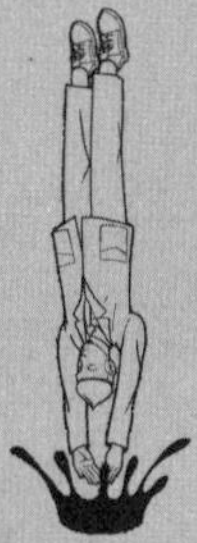

「時機未到，忍耐一下吧」

違反自然定律？

供稿者：花生友

有個同事被發現係同性戀者，另一個師奶同事就特登講說話畀嗰位同事聽：「唉，兩個男人喺埋一齊點得㗎？違反自然㗎嘛……」然後暖男同事話：「如果個個女人都好似你咁，我都違反自然鍾意男人算……」我聽到後忍笑忍得好辛苦。

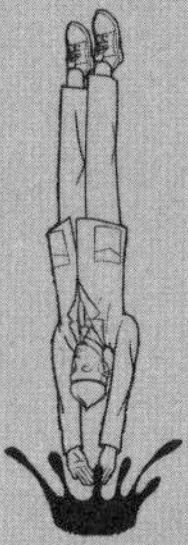

「少做事多説話」

做了公司的水泡

供稿者：來回地獄又折返人間

話說公司喺疫情下，最終捱唔住要執笠，老世好人預早宣布，等大家有晒準備出去搵工，去到最後一刻公司成功放盤，新公司重話會留低我哋所有人，有啲同事本身搵到工都決定留返低同班舊同事一齊。當時大家重幾高興，因為舊公司遣散時可以拎返筆長期服務金。

當大家正正常常咁返咗一個月工，新公司人事部嘅同事上嚟，同我哋講因為大家工作表現唔符合公司要求，要炒晒我哋，基於而家重係試用期第一個月，只給予一日通知，大家要即時執嘢走（當日係星期五），全部人又無啦啦變返失業……

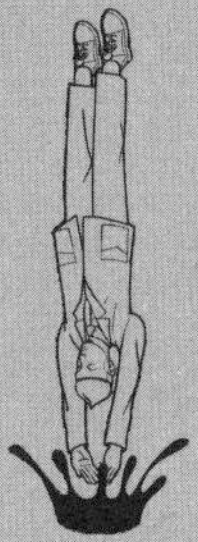

「有心理準備，事情沒有預期中順利」

見工遇上環保死忠

供稿者：發記

有次去某環保機構見工，上到去見個女人畀咗一疊公司資料我，加加埋埋都有幾十頁紙。見工時，個女人問我件衫著咗幾耐，我已經覺得奇怪，就答佢件衫係上年買，佢就開始話我好唔環保，重話自己七年冇買過衫，跟住又話我件衫嘅質料係用唔知咩塑膠料製，質疑我對環保嘅認知。

聽完真係火都嚟！我本身脾氣都唔係好，就一嘢扔返成疊紙畀佢：「你印成疊嘢都好唔環保，整個網頁咪得囉！」跟住我起身想走，行過見到個掣，即刻幫佢撳熄埋，再同佢講：「熄埋盞燈重環保呀！」然後好型咁開門走咗！

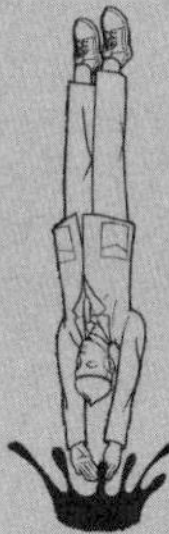

「順著這思路行事就對了」

00後與90後的距離

供稿者：無名氏

你哋會點面對啲大你十年，但同你同級嘅同事？啱啱轉工做文員，坐我隔籬個同事原來大我十年，至少都應該有三十歲，但都係同我同級，人工幾多就唔知……但公司好孤寒，每年最多加得二三百蚊人工，我諗佢都唔會高我好多。

我係啱啱出嚟做嘢嘅新鮮人，見到佢都會諗……究竟你過去十年做咗咩？點解會同個啱啱起步嘅後生仔企喺相同嘅起跑線……

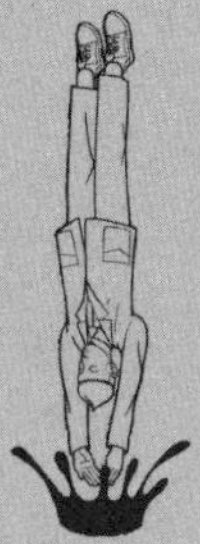

「別自視過高」

公司排隊叮飯特快證

供稿者：開心仔

早排公司搞 team building，遊戲勝出會有獎，今次啲獎品唔係 iPhone、超市禮券等常見禮品，頭三獎分別係「大假兩日」、「一個月排隊叮飯特快證」、「一個月可遲三十分鐘返工」，獎品非常吸引，超受同事歡迎，入職幾年都未見過啲同事玩得咁投入！最後我哋 team 贏咗叮飯特快證，勁開心，因為公司有七成人要排隊叮飯，而老世都好開心同事玩得咁投入，重話之後要搞多啲類似嘅活動！

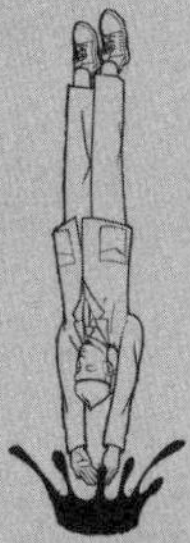

「幽默感會為你帶來好運」

悲劇無限loop

供稿者：占占

每次提起多年前喺舊公司發生嘅事，都會笑到翻艇。有次我用緊插電計數機對賬，本來差唔多完成，但當時有位兼職清潔阿姐，打算攞吸塵機吸塵，但搵唔到個插蘇位，佢竟然二話不說拉甩咗我部計數機嘅插頭，搞到當時已經做好咗嘅幾十張單一瞬間化為烏有……冇計啦，唯有搵過另一個插頭再計過……

最後阿姐吸完塵，佢見我將個計數機插頭插咗去另一度，可能覺得唔好意思啦，於是又拉走咗我計數機個插頭，再將佢插返去原位，結果我又再度白費努力……

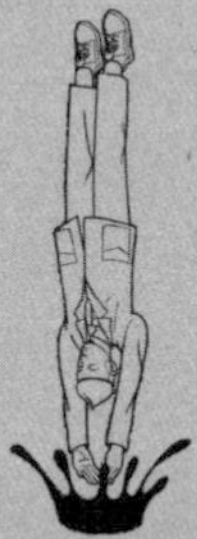

「你的努力將會白費」

寧剷頭不低頭

供稿者: SALE屎小薯

有個男同事個頭天生啡啡哋色，因為份工要見客，老世就要求佢將頭髮染返黑色，於是男同事決定同老世理論，因為談判唔成功，男同事唯有直接剷晒成個頭變光頭，老世見到當堂呆咗，亦唔使佢再見客，而佢嘅抗爭亦成功令公司取消咗呢條條例！原來遇到傻人，只要你再傻過佢就唔會搞你！

「值得嘗試」

辭職日記之決戰HR

供稿者：家陣HR大_晒

話說我有次辭職時，同 HR 展開咗以下嘅對話：

HR：點解一出糧就遞信？

我：因為我唔適合貴公司。

HR：點解一遞信就遲到？

我：咁我隻貓有事呀嘛，定係你覺得你嘅工作緊要過你啲子女？

HR：冇人幫你睇？

我：點解要將自己嘅責任假手於人？

HR：你知唔知，你咁樣嘅表現，公司理應唔會留你？

我：我知呀，所以我咪遞信，有咩唔啱？

HR：公司其實可以即刻炒你！

我：可以呀，麻煩賠返剩餘四日通知期嘅糧畀我。

HR（沉默一陣）：之後幾日好嚟好去啦，唔好再遲到。

我：今日真係有突發事，唔好意思。

我淨係想問，HR 真係大晒？語氣差過喝狗，而家好稀罕你份工？

「好來好去」

老姑婆上司，我唔撈啦！

供稿者：同時天涯淪落人

由於公司廁所喺公司外面，所以整咗張門卡畀清潔姐姐出入，但由於清潔姐姐一星期只會上嚟公司兩次，所以例牌唔帶卡，出入都係撳鐘叫同事開門。有次我喺公司最入面嘅位置用部老爺機影印，因為太嘈聽唔到清潔姐姐撳鐘，就勞煩咗我位老姑婆上司出去開門。

點知呢頭開完門，下一秒上司特登出嚟起勢鬧我，話我「特登唔開門」、「冇家教」、「不知所謂」、「唔知你老母點教」……重有下刪三千字……我覺得好委屈，收工攬住老公喊，喊完第二日返去即刻遞信。

「你的決定會令你很冤枉」

傳授秘笈

供稿者：明明白

我上司一向咩都唔識，日日返工沖杯咖啡就 hea 到收工，管理又唔識，做 report 又唔識，最近終於因為佢太廢，得罪咗老世，公司決定滅我哋全 team！

點知執緊包袱走嗰時，上司叫我入房教佢嘢，係咁問我平時喺邊吸收知識，要我一小時內教晒佢，話要有一技傍身……然後我特登教錯佢！

「沒有必要老是做好人」

我的暖男同事

供稿者：餃子媽

我近排生咗 BB，大肚期間發生咗一件事，令我覺得人間有愛！

話說有一日放工，我喺金鐘站等緊車，嗰日因為列車故障，好多人塞晒喺月台，我喺月台遠處見到隔籬 team 嘅男同事，就點咗下頭，因為平時我哋冇咩合作，所以都冇點講嘢，直到列車終於嚟到，啲人癲咗咁迫上車，我就即刻用手護住個肚，驚俾人撞到個 B，突然本身企喺老遠嘅男同事轉身迫去我身邊，伸直手攔喺我旁邊，護住我叫我小心，重足足護咗我幾班車嘅時間！

當時勁感動同佢講咗句唔該，佢話佢太太之前大肚都好辛苦，上咗車之後，我已經決定要公開表揚佢！

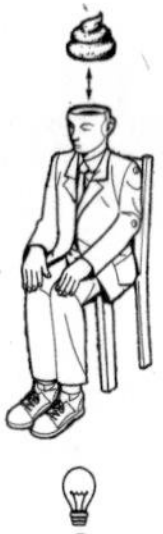

「堅守你的善良」

炒人點錯相

供稿者：文職小蕃薯

公司返工唔使打卡，但基本上人人極其量都係遲十五分鐘，不過有一個同事經常遲到一至兩個鐘，於是 GM 決定出信炒佢，點知因為我個名同嗰位遲到同事個名好似，封信寫錯咗我個名，同 HR 傾完之後 GM 決定將錯就錯炒埋我！

於是我唔忿氣同公司上訴，點知公司話睇閉路電視見到我都有遲到，所以係合理解僱，件事連我上司都唔知，間公司有個咁嘅 GM 真係恭喜晒！

「可能有點困難，但唯有接受」

邊個發明了散水餅？

供稿者：呀戍

我一直都覺得阿豬阿狗都要請食散水餅呢個文化真係應該要消失！

有啲人下份工都未搵到，又或者本身人工低，重要人買散水餅實在係強人所難，重有如果份工西、俾人炒或同事差，買完餅條氣都唔順啦！要請人食餅嘅話，係都請啲夾得嚟嘅同事，而唔係請埋啲阿豬阿狗食……所以我反而真心欣賞話走就走，一件餅都唔留，瀟灑離去嘅人！

「不要回望過去」

唔請我係你嘅損失

供稿者：嚇死我

有次要請個低職位嘅下屬，個應徵者嚟到，叫佢自我介紹，佢第一句：「你可以叫我偉哥！我就係你哋公司要嘅人才，雖然年資唔夠，但啲嘢經我手就實掂，我食腦，唔使靠經驗！」佢勁多金句，多到我都唔記得，差啲以為自己見緊 Brian 差，忍笑忍得勁辛苦，都唔知邊個教佢咁見工。

「Less is more」

藥煲遇著好老世

供稿者：B仔

我近幾個月生濕疹生得好嚴重，請過幾次半日假睇醫生，有時開會個身都好痕，但又要忍住唔可以出醜，真係好辛苦⋯⋯

有一日我老世叫我入房，叫我在家工作一排，因為我住得遠，唔使迫車搭車，可以多啲時間休息下，又叫我唔好畀咁大壓力自己，話我已經做得好好⋯⋯佢話佢個仔都有濕疹，佢知係好辛苦，又建議我試下煲下湯水，我聽完即場感動到喊咗出嚟，覺得自己好幸福！

「不要對自己要求太多」

請定義soft copy

供稿者：杯緣子

有日我叫公司做咗十年嘅會計文員畀份 excel 我埋數，佢即刻印咗份 hard copy 畀我……大佬呀，用嚟計數你印 hard copy 畀我做咩？之後咪叫佢畀返份 soft copy 我，今次佢又真係冇做錯，佢走去用部掃描機掃描返啱啱 print 咗出嚟嗰份嘢畀我！

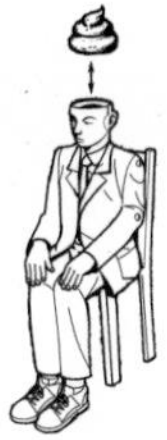

「找可靠的人談一談」

大開眼界

供稿者：跟老公仔

同男朋友覺得喺香港打工太辛苦……所以三年前返咗佢老家澳洲做嘢，重結咗婚，我亦同時申請咗簽證過澳洲。由於疫情，等咗一段好長時間，我終於喺今年年頭到咗澳洲，好好彩喺兩個月內搵返老本行做！

澳洲嘅工作文化同香港完全唔同，佢哋鼓勵彈性上班，屋企有事可以在家工作，完全唔介意你自製長假期，如果太遲收工，同事重會叫你唔好帶香港嘅工作模式過嚟，唔知係唔係因為而家做嘢太自由，竟然搞到我好緊張，究竟係咪因為我做奴工做得太耐？

（利申：我做地盤工。）

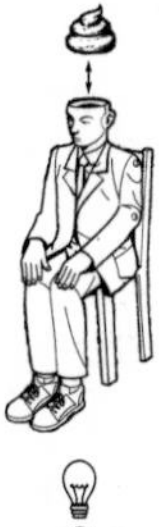

「不要固步自封」

我愛高達，老世唔明白

供稿者：辦公室老奴

相信大家有時都會想將自己鍾意嘅小擺設放喺個位度，做嘢都會開心啲，點知有日老世走嚟問我點解要放啲高達模型出嚟，我答佢：「公司是我家，我都係想提升下歸屬感啫！」然後佢冇反應，嚇下我爽咗。

「讓自己快樂起來吧」

愛動物公司

供稿者: 貓奴老世

前幾日同同事出去食 lunch，期間見到有人棄養咗兩隻貓，我哋唔忍心唔理佢，於是就將兩隻貓帶咗返公司先，因為老世係貓奴，所以我哋都冇擔心過，最後老世唔單只畀我哋喺公司養貓，佢重拎咗其中一隻貓返屋企養，突然覺得成件事好有愛！

「你的擔心都是多餘的」

見工搵窿捐

供稿者：阿米爾

話說有日去見工，我慣常用 iPad 嚟做 presentation，會用到 Safari、YouTube、Acrobat 嚟 present 啲作品，點知前一晚女朋友用過 iPad 嚟睇鹹網，我 interview 前又冇再 check 過！搞到 in 緊嗰時一開 Safari，即時彈咗個 AV 女優出嚟……in 我嗰個重要係女人，超尷尬但又要扮冇嘢……

「你還有事情未準備好」

脆弱的女人
供稿者：小花生

兩個部門嘅阿姐本身係閨密，經常一齊行街、食飯、去旅行，但自從公司宣布咗阿姐 A 升職，職級上高過阿姐 B 之後，兩個阿姐就開始不和！阿姐 B 重會不時喺 Facebook 爆阿姐 A 嘅私隱，所以話女人嘅友誼真係好脆弱！

「你的友情會面臨危機」

E-mail小氣簿

供稿者：灰太郎

返咗工一段時間，我就已經發現經常有人將啲 e-mail 一封封咁印出嚟，每次一印都成疊……終於有一次同隔籬 team 個阿姐開會，大家一齊傾緊個 project 細位時，佢突然問啲細節喺邊一封 e-mail 提過……跟手再拉開自己櫃桶，攞咗一疊 e-mail 出嚟，慢慢揭返當日嘅對話，同我吔拗數……

開完會之後我問阿頭咩事，佢印晒啲 e-mail 出嚟係咩玩法，阿頭話佢癲咗，話後面有好多個櫃都裝晒佢啲 e-mail，之前佢唔鍾意某同事，就拎啲 e-mail 出嚟做罪證，向老世篤灰，最後嗰個同事就係咁俾人炒咗！

「小心一點，這事或會引發危機」

返工嗰日先話請錯人？

供稿者：黑仔王

記得啱啱大學畢業，好快就搵到工，但因為覺得份工太顏，所以就再搵過另一份，之後收到個唔錯嘅 offer，考慮咗兩日就接受咗，新公司話會出返個 e-mail confirm 我，所以我都辭咗工，不過兩日之後都未收到 e-mail，於是我就打去問新公司，佢哋同我講之前通知請我嗰位 HR 放緊大假，所以未出到 e-mail。

當時聽電話個 HR 見我咁擔心，就話幫我再 confirm 公司，重叫我嚟緊嗰個星期返工，點知返工第一日搵 HR 時，佢叫咗我做另一個人名，當刻我已經心知不妙，經過一輪溝通後，佢先話 HR 冇出過 e-mail 畀我，叫我返屋企等消息！

後來我打返電話問一開始通知我嗰位 HR 咩事，佢重屈返我轉頭，話我太遲接受個 offer，所以佢哋已經搵咗另一位應徵者，我問返佢點解當時唔講，而且重同我約埋返工日期，佢淨係話冇白紙黑字唔算數，最後我狂鬧佢，佢祝我快啲搵到新工，我同佢講：「完全唔需要你嘅祝福，你哋公司管理真係好差！」

「你欠缺的只是運氣」

收咗工，試下唔好搵……

供稿者：小奴工

話說有次前腦細搵咗個朋友上公司傾偈，咁我本身收六點，都特登等到六點二十分見腦細冇再搵我，我先同佢講聲走先，點知佢七點幾打嚟瘋狂鬧我：「點解我搵你唔到？我未走你就走咗，搞到我喺個朋友面前好冇面！你返得呢份工，就唔好預有得準時收工，收工唔准約人，約人即係代表你冇心機返工！」

平時我 OT 已經冇錢，重要孤寒到有時幫佢買嘢，send 晒啲單畀佢都覺得我收多佢錢！星期日放假遲起身搵我唔到又俾佢鬧！最後捱咗年半終於搵到份滿意嘅工，新工重返得好開心，希望捱緊嘅大家早日脫苦海，搵到心儀好工！

「不用急於現在，時機到你便會有決定」

三十疑問

供稿者：對員工西生意就會好

人到中年三十歲，通常都係事業嘅開始，但我只係拎緊FG價嘅人工，公司連續三年冇加人工，想出去跳一跳追返升幅，點知見咗好多份工都冇人請……究竟係我年紀太大唔請，定係我嘅人生已經玩完？

「你需要調整期望」

窿唔可以亂插

供稿者：朝九晚六小打雜

之前試過喺一間公司做嘢非常 chur，阿姐經常走過嚟問進度要幾耐時間。有一日阿姐心急得滯想睇成果，結果一嘢將個硬碟插咗去我枱頭個一開四 USB 叉電盒到，結果成隻硬碟半死 load 唔到嘢，要花時間重新做過。

我知道有時血氣方剛心急嗰陣未必等到，但都要睇清楚咩窿先好插。雖然大家都係 USB 頭同口，插錯窿時你又痛（銀包）我又痛（花心力重做）就唔好啦。

「凡事小心」

Shall we talk

供稿者：困惑中嘅中薯

我幫同事做 appraisal，佢同我講：「你有冇理過我做得開唔開心？淨係關心我做得好唔好……」佢話我同公司都冇好好關心過佢，只係關心佢嘅表現。吓！我又唔係你老公，點解要關心你？

「多溝通對事情有幫助」

人類總要犯同樣的錯誤

供稿者：夢太奇

近排有個新同事狂做錯嘢，上司叫佢解釋……佢真係夠膽死答：「人類總是犯著同樣的錯誤。」

「有些事與你無關，就不要管」

男姑娘？
供稿者：男護士

我喺私家醫院做緊護士，成日都俾人叫做男姑娘……真係好想同大家講，其實可以叫返我做男護士，男姑娘聽落好怪！

（利申：我係男仔。）

「不要降低底線」

HR我真係thank you你

供稿者：HR人

最近入咗個HR群組，討論起見工後send「Thank You E-mail」嘅話題，其中一位HR表示如果見工者冇send「Thank You E-mail」等於冇個人修養同冇禮貌！有啲HR甚至覺得面試過程就算畀HR玩都應該要send返封「Thank You E-mail」，冇嘢啲一定唔請！

我個人就覺得其實有「Thank You E-mail」係有禮貌但冇都唔等於冇誠意，如果面試表現唔錯但因為冇做到呢啲門面功夫而不被揀中，咁呢個HR都幾膚淺，加上如果擺明俾HR玩嘅都要send「Thank You E-mail」，咁冇個人修養嘅到底係邊個呢？

「試在對方立場考慮事情」

我quit game你quit job

供稿者: Ricky Lam

之前喺公司做得好開心，大佬又睇我，重放風話嚟緊四月有得升職！點知有日同佢吹水，俾佢知道咗十幾年前，我同佢一齊玩過同一隻 online game，佢重曾經俾我追殺到 quit game！嗰時佢明明話件事過咗咁耐都冇乜嘢，但到十二月尾，HR 就話我工作態度有問題，炒咗我……

「先發制人為上策」

係咁先啦

供稿者：打雜A

喺間公司做咗接近七年，唔開心多過開心，返工日日受氣之餘，重要係咁食二手煙，老世脾氣勁差超難頂！本身諗住做埋過年就辭職，不過因為屋企兩老一個中風一個患癌，搞到我都唔敢隨便辭職……

但後來諗諗下，雖然辭職後唔知要搵幾耐工，驚空窗期太耐會有經濟問題，不過身心已經頂唔到落去，做到身心俱疲……所以真係唯有走先啦係咁先啦，都想祝願大家搵到好工，重新開始！

「相信自己」

保險妹

供稿者：無名

我細妹參加咗保險公司嘅課程後，直頭好似變咗第二個人咁！

事源係佢幾個月前入咗一間保險公司度做，自此個人就變得好古怪，明明佢由細到大對屋企人都好冷淡，但突然間變到好關心屋企人！咁我哋都唔係傻嘅，問多佢幾句之後就發現原來佢想 sell 我哋買保險，特別係買基金。

我哋一開始都婉拒，但佢又不斷遊說我哋買，重叫我當送份禮物畀媽媽，我終於忍唔住鬧佢，叫佢唔好再做呢間公司，點知佢第二日好似保險正能量上身咁，話冇嬲我，重話自己以前浪費咗好多時間，所以今年立志年薪百萬，但最大問題係佢仲搵埋我哋啲親戚食飯，啲親戚覺得奇怪就打嚟講返件事，搞到我哋全家人都唔識收科……

「回頭是岸」

禮物小姐？

供稿者：我唔係禮物小姐

公司搞聖誕派對，我被安排幫手包禮物，咁我本身都唔太識包禮物，而且手工藝都好差，所以包得唔太靚，點知隔籬部門個女同事串我：「咁大個都唔識包禮物呀？咁簡單都唔識？你阿媽冇教㗎？」之後我同佢講：「你咁叻，新年可以去超市同啲阿姐比賽，賺下外快去包新年禮盒，你阿媽一定話你好叻！」

「這不是你現在首要考慮的事」

我嘅真正身份係一名AGM

供稿者：黑人

上年有個啱啱畢業嘅新人入職，HR 大家姐話睇佢履歷咁靚，都唔知做唔做得長，但做落大家見佢呆頭呆腦兼脸脸善善，俾人蝦到上心口都唔覺嘅隻，兼且又幾抵得諗乜都肯做，久而久之就算明明唔係佢負責嘅工作，大家都照彈畀佢做，重要揀啲特別有鑊氣嘅嘢畀佢。

後來個新人瀨過幾次嘢之後，終於學精咗，開始唔會乜都肯接嚟做，但咁樣反而成為咗大家嘅公敵，背後一圍埋就話佢唔做得嘢、唔識做人等等。直至上個月佢突然辭職，重要係冇一個月通知嗰隻，於是大家就笑佢撈唔掂，又讚 HR 大家姐睇人好準。

今個月頭老 GM 退休，原本個 AGM 升咗上去，今日 HR 大家姐帶新 AGM 嚟，大家見返之前嗰個啱啱畢業嘅新人，先知佢嘅真正身份原來係老闆娘個侄……

「事情沒有想像中簡單」

嗰日嗰個人做咗嗰啲嘢

供稿者：果個人果啲

返工真係好驚嗰啲患有嚴重語言障礙嘅人。前公司有個阿頭，好鍾意講「嗰日」、「嗰個」、「嗰度」、「嗰啲」……最經典係佢同我講過：「麻煩你幫我叫嗰個，將嗰啲搬返去嗰個嗰度。」我完全畀唔到反應佢，心諗嗰你個頭！

「看來這狀態還會維持一段頗長的時間」

叔公被嫌命長

供稿者：何師兄

我返工時經常都會收到醫院嘅電話，因為醫院會隨時同我講一百零四歲叔公嘅近況，情況持續以年計……有日，我上司同我講：「你有冇諗過係你叔公以前做得太多衰嘢，所以佢死極都死唔去？我成日聽你講呢啲電話好煩。」我真係祝呢位上司長命千歲！

「不要難過」

絕世貴bra

供稿者：木偶人

以前返工賣胸圍，公司A喺我哋一入職就教我哋點講大話！例如個客嘅尺寸係75C，冇貨嘅話正常都會睇下分店有冇，有就搵另一個款畀佢試碼，啱碼就叫個客過幾日嚟拎，但公司A嘅人就check都唔check電腦，直接搵定啲類近級數嘅胸圍（如75B、75D、80A……）出嚟，畀個客試其中一至兩個，再同佢講：「我哋呢個款偏緊／鬆，你試下呢個碼啱唔啱先？」然後再根據返個客講嘅情況，畀埋手上嘅佢哋試，隔一陣就懶親切咁問個客著好未，幫客人調整下。

但事實上係個客嫌太緊時，我哋就調鬆條帶；嫌鬆就調緊條帶加扣入一格，試過個客試最細嘅碼都覺得鬆，個同事直接調到最緊再將成個bra向後拉，然後勁讚啱碼，個客就好開心咁買咗幾個走！

最過分係啲胸圍賣成幾百蚊一個，但係喺淘寶淘返嚟，最平廿蚊人仔有交易！基於平生都未試過講咁多大話，我做咗冇耐就辭咗職。

補充：間舖頭已全線結業。

「說謊會令你陷入困境」

調教你老世

供稿者：我的on99腦細

忍辱多時，終於遇到最啱嘅時間辭職！原本遞完信後兩星期就可以準備執包袱走人，點知老世竟然特登出個電郵叫我 last day 之後搵個時間返公司同新人交接……人都已經離咗職，重好意思叫人返去幫你教新人？又唔知你幾時請到人，分分鐘唔只返一日、教一個……老世，我諗係你需要被調教多過個新同事囉！

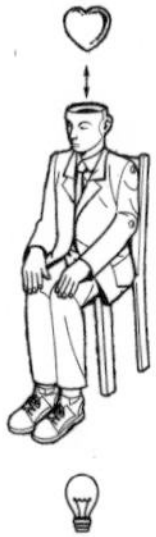

「不用猶豫，拒絕吧！」

輸給了工作

供稿者：Paul

識人因為長期無業，屋企人亦不斷畀面色佢睇，甚至標籤佢做懶人，搞到佢越嚟越大壓力，雖然佢好努力搵工想塞住屋企人把口，但始終都冇人請，最後佢喺走投無路嘅情況下，迫住借財仔，諗住賭錢博翻身，點知賭輸晒搞到周身債，最後因為咁自殺死咗，真係覺得好惋惜……

「看開一點吧」

地獄職場逃出記

供稿者：我從職場欺凌中逃出嚟

我喺舊公司做咗八年，自從第三年換咗老世之後，惡夢亦從此開始。

呢個新老世從來唔會喺工作上 support 你，只會不斷挑戰你，有困難時問佢問題，佢只會再拋多十個問題嚟考返你，講嘢勁刻薄，記得佢講過：「請你返嚟就係要你做，下下都問，不如我做你個位？」重會話佢自己都唔識，叫我自己試下諗辦法。

總之佢成日都會拋返個波畀我，錯嘅永遠係我，佢重要同佢嘅心腹一齊嚟質疑我嘅工作能力。當時我俾佢搞到冇晒信心，無力感好重，勁唔開心，每次佢搵我都係因為佢嘅心腹投訴我；但我同佢反映受到佢心腹嘅唔合理對待，佢就當耳邊風，我甚至投訴埋畀人事部都冇用。

日子耐咗，我開始陷入抑鬱邊緣，最後忍唔住裸辭，走咗半年後我都一直唔順氣，覺得好委屈，好冇公義，自問工作能力唔差，辭職只係因為長時間受到職場欺凌，試過舊同事約我食飯，食完我重係好唔開心，因為見到佢會令我諗返起長達六年嘅惡夢。

後來聽到我嘅下一手都呻嘅時候，先漸漸釋懷咗，因為唔正常嘅係佢哋！

「不要質疑自己的決定」

間公司搵笨

供稿者：無名氏

之前我做旅遊編輯，可惜疫情關係生意差俾公司炒咗，之後諗住搵返相類似嘅工，喺求職網見到某旅行網請全職旅遊小編，要出 trip，最好識埋韓文或日文，重要寫文拍片一腳踢，之後真係收到 call，要求先做 written test，內容大概：「一、寫一個五日四夜親子旅遊行程，需包括來回機票、酒店、景點、交通、餐飲等資訊，並列出預算價錢」及「二、揀一個景點撰寫八十字 Facebook post」。

未見工就要求多多，親戚朋友都覺得間公司搵笨，但為咗搵工，細公司都要試，結果我花咗好多日設計咗幾十頁有圖有字嘅旅遊行程，上到去一如所料個網站冇全職員工，只係得一兩個 freelancer 同 part-time！我自問面試表現唔失禮，但個考官一開始冇自我介紹，重要冇打招呼冇送我走。我文就交咗，會唔會用嚟刊登我就唔知，但我估佢根本冇心請人，或者只係屎忽痕想約 candidate 傾下偈，最後當然係冇消息啦！

「事情不值得讓你付出太多」

連環不幸事件

供稿者：返份近工畀人玩，第2日先話唔簽約

話說有次新公司叫我九點鐘返工簽約，點知簽約當日黑雨塞車，我就打電話通知 HR，點知由八點半打到九點半都冇人聽，咁我就留言交代返，但之後一直都冇人打返畀我，直到十一點轉咗紅雨，我先返返公司，一返到去，HR 叫我入房劈頭就問：「點解你今朝 no show 嘅？」我：「今朝我一路都有打過返嚟，但冇人聽。」HR：「冇喎，我今朝八點半就返到嚟，我冇收到任何電話喎！」我：「冇可能喎，我真係打咗十幾次電話返嚟。」然後我拎埋部電話出嚟畀佢睇通話紀錄，個 HR 就求其帶過。然後 HR 話：「簽約要等 department head，但佢去咗食飯，或者你落去食個飯先，跟住你一點半再返上嚟。」如是者我準時食完飯返到去，HR 話因為已經過咗大半日，叫我聽日先再上嚟簽約……

好啦，我第二日諗住真係上去簽約返工啦，點知個 HR 竟然話：「X 先生，由於你尋日嘅 attendance 唔理想，公司決定唔同你合作喇！」我呆咗五秒……然後一輪嘴瘋狂鬧咗佢五分鐘，跟住拎袋走人，完全唔畀佢有反駁嘅機會！

樂觀啲諗，其實係咪呢場黑雨救咗我呢？如果真係簽咗約返工，而個 HR 處事作風係咁嘅話，入去做都有排受……

「這不是一件壞事」

陰魂不散

供稿者：R小姐

之前份工已經離咗職四個月，有日接手個經理無啦啦晨咁早打畀我，話經理房反鎖咗，問我知唔知密碼幾多號，我同佢講唔知，叫佢自己上報畀分區。全部人換唔到衫咪遲啲開舖囉，關我鬼事？之後我勁快收咗佢線！

「有時候需要做得絕一點」

做人最緊要有say！

供稿者：好爆

公司合約寫明返九點，但高層話我哋唔應該咁準時，應該要早十五分鐘返到先啱，所以一直以嚟大家都會早少少返，但最近嚟咗個新同事，面對高層早返嘅指令，佢理直氣壯回應：「冇問題，我都慣咗早十五分鐘收工！」高層成塊面黑晒，唔知個同事會唔會好快被消失呢？

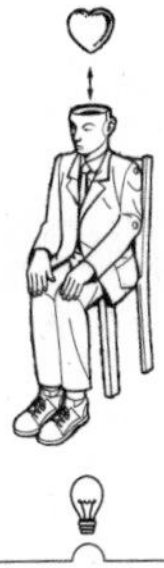

「長遠下去只會委屈了自己」

十月三十

供稿者：無名

今朝上司問我係咪做錯咗份報告，話我十月個埋數同佢計出嚟嘅唔同，事關份嘢要匯報上GM，所以我一向都核對好幾次先交，經過反覆溝通後，發現上司計咗十月一日至三十日，我答佢十月有三十一日，佢竟然質疑返我三次……最後我只好勸佢望下個月曆，佢先醒起十月真係有三十一日……

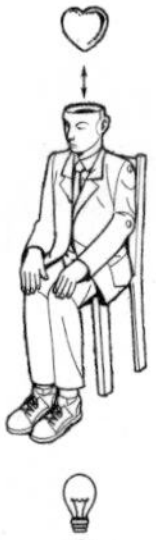

「小心被別人連累」

影印房有鬼

供稿者：小小薯

公司返五日半，長短周制，有一個星期六，公司得返一半人，一到一點老世就好好咁出嚟催大家快啲走，但某部門嘅阿姐要啲細嘅今日內趕埋啲嘢，於是成個部門出咗去食晏，諗住食完返嚟再搏殺，點知返到去冇耐，就聽到成日傳有鬼嘅影印房入面有人大叫！

大家一齊去睇，見到老世同秘書，一個著緊褲，一個扣緊衫鈕……

「不要冒險」

大粒佬啲英文好失禮

供稿者：Director識英文

公司新主管send e-mail畀客人，send埋副本畀我，用英文寫「I ng g the document, you pls ask xx, many thanks u.」XX係我個名，我覺得好羞家……

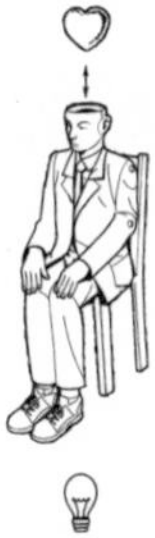

「是時候增值了」

大佬，唔好咁黐線啦

供稿者：腦細傳心師

有次見工，直接見老世，一開始都問啲正常嘢，但之後講到待遇嗰陣就嚟料！

一講人工就話：「我哋畀唔到咁多嗝！你做得唔好扣人工㗎呀！」

講工作就話：「如果你星期一至五做唔晒，你星期六日都要死返嚟做。」

講公司政策就話：「我哋公司好多閉路電視望住你哋，唔使旨意做自己嘢！」

喂大佬！我嚟見工，唔係你員工呀！呢位老世係咪搞錯咗少少嘢？

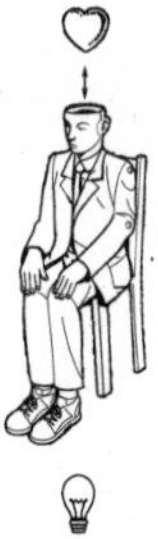

「妥協對你沒有好處」

暖心老世

供稿者：仍活著

上年轉咗新公司，跟返我前上司，但返新工冇耐，最親嘅家姐因為急病離世，最後我患上嚴重抑鬱症，因為我晚晚失眠同食太多安眠藥，結果要住院，搞到屋企人承受好大經濟壓力。

上司知道我咁嘅情況，就同我講有乜事都可以搵佢幫手，唔使咁擔心，重幫我同HR講提早過試用期，畀我用到公司醫療保險，同埋請有薪病假，重會間中send message嚟同我打氣，四個幾月後我終於好返，唔使再睇醫生，我想多謝上司呢段時間咁照顧我，令我可以快啲走過人生最黑暗嘅時光！

「現在的一切值得你珍惜」

OT是常識吧?

供稿者：已辭職的新人

我做飲食，清潔洗嘢遲咗半個鐘收工，收工時間下老世嗰半個鐘有冇得計OT，佢話冇，我當時講咗句「OK」就算，心諗最多下次洗快啲，點知第二日佢捉咗我出去傾嘢，提返起OT單嘢：「你尋日問我有冇得計半個鐘OT，阿大廚佢日日OT幾個鐘都冇同我計，出嚟做嘢唔好斤斤計較，唔通我請大家食嘢又要大家畀返錢咩？唔通要你哋食完嘔返出嚟咩？唔通你將你個飯盒放落雪櫃我都要收你租金咩？我都冇同你計啦係咪？」

之後我第二日即日辭職冇做，好彩做咗一個月都冇，即時走得！

「不要相信假道理」

破冰金牌

供稿者：香港勁揪

奧運嗰時睇張家朗爭金牌，咁啱大家因為 OT，留低咗一齊睇，睇到大家都好緊張……

到張家朗真係贏咗金牌嗰下，我哋成條 team 開心到大叫，有個原本同老世關係唔好嘅同事，重激動到有自然反應咁攬咗老世一下，佢哋攬完重尷尷尬尬咁，但都好，感覺佢哋真係破咗冰！

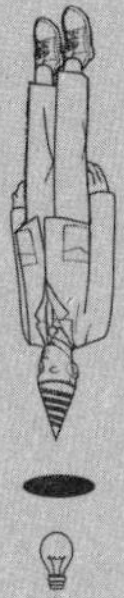

「試跟上司保持良好關係」

遠赴芬蘭打工的港女

供稿者：謝爾

未移民之前喺香港做牙醫助護，返足七日，放假時做下飲食業炒散，包括洗碗、侍應同廚房，之後嫁咗去芬蘭，拎政府資助邊返學邊去酒店實習，先知喺芬蘭做廚好爽皮！每星期工作時數總共三十八個鐘，返五日工，做滿一年可以有三十日年假，做滿兩年重可以有三十七日！過咗嚟之後，我終於感受到咩叫做生活！

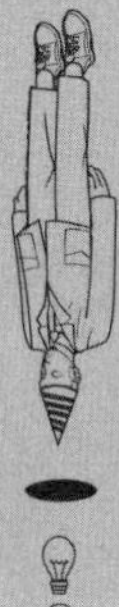

「另覓出路吧！」

天氣冷，返工懶

供稿者：咁都得

前幾日同事A打返嚟請病假，上司循例問佢有咩唔舒服，因為當時疫情嚴重，所有身體有特別症狀嘅都要向HR申報，點知同事答佢：「今日好凍，個人情緒唔穩定，唔係好有狀態返工。」上司當堂dead晒air，再話：「咁你唞下啦！」然後叫佢補返醫生紙畀HR，上司收咗線後無奈咁笑住同我哋講：「同事A話凍到返唔工喎！大家send個短訊畀啲溫暖佢啦！」

「偶爾任性一下也無妨」

起底組

供稿者：S小姐

見過一份管理活動項目嘅工，主管一嚟就問我屬咩生肖，問埋我屋企人做邊行，又問我住邊，住緊嗰度係租定買，然後重叫我起身轉個圈，舉高隻手畀佢睇下身高，唔講以為自己見緊空姐或者模特兒⋯⋯

「小心中了別人的圈套」

阿姐犯晒規

供稿者：無名

公司實行在家工作，前幾日我請咗假去行山，點知行行下撞到阿姐，當時佢勁老尷，因為我知道佢冇請假但走咗去行山，最後我點咗個頭打咗個招呼就走咗……

「記得守口如瓶」

呼吸也是錯

供稿者: MARY

前幾日開會，嗰時阿頭講緊嘢，新同事係咁捽個頭，阿頭問佢咩事，新同事好直接講咗句：「你一出聲我就頭痛。」全場人靜晒，新同事知道自己講錯嘢之後話食粒藥就冇事……

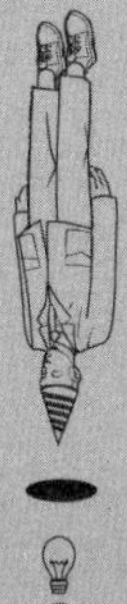

「請三思而行」

肝膽相照

供稿者：無名氏

前世應該做咗好多好事，今世先遇到個好上司，做嘢又可以放膽做，因為知佢會喺後面撐住，有爛味會頂上，遲咗起身佢會 WhatsApp 我，叫我「見完客」先返，佢老婆煮咗好嘢食又會叫我上去食，屋企有事請完假，返到公司成日都冇 e-mail，因為佢幫我頂晒！

（利申：雖然我而家已經辭咗職，但我哋都重有聯絡。）

「得到幫助後，也要去幫助別人」

出糧先出力

供稿者：明明

有次搵工見 designer，面試官叫我返去做個作品出嚟，年少無知嘅我真係做咗，做完人哋冇請我，但我竟然發現佢拎咗我張圖去用！

近排見工又遇返相同要求！我直接同個面試官講：「不如你又出份糧畀我先，睇我啱唔啱心水做先囉？」跟住佢塊面燶到爆！

「不要被人利用」

我的蝦餃同事

供稿者：包

話說我舊公司有個同事好鍾意食蝦餃，有次老世請飲茶，佢叫咗十籠蝦餃，自己食咗七籠，老世個大秘書喺飲完茶後立即叫咗嗰位同事入房鬧爆佢，當大家以為佢下次唔會再咁做嘅時候，嗰位同事又再次叫咗十籠蝦餃！

然後又有一次，老世喺平安夜畀大家早收工，收工前請大家食自助餐，蝦餃同事食咗六打生蠔，我心諗使唔使咁補？點知蝦餃同事嗰晚就出咗事……急性腸胃炎入院！

跟住又有一次，新同事過試用期請食 tea，大家一般都叫杯嘢飲或者食件三文治就算，點知蝦餃同事好熱心咁話佢去買，結果買咗好多盒壽司返嚟，大家都呆咗……而新同事俾佢一嘢食咗千幾蚊，大家都戥新同事唔抵……最後老世出嚟畀咗一半，蝦餃同事又再次俾人照肺，但今次係俾 HR 同會計嘅阿頭照佢肺……

繼上兩次俾大秘書照肺後，蝦餃同事同大秘書講佢會收儉少少，但大老世再請大家飲茶時，同枱十一人都好想知佢有幾收儉……當點心上枱時，又係咁大個籠，我哋心諗佢重未識死呀？蝦餃同事即刻講：「我叫咗七籠咋……」今次大秘書即刻拎咗嗰個大籠去其他枱分啲畀人，蝦餃同事好依依不捨咁望住啲蝦餃，事後蝦餃同事少不免又俾大秘書「小」咗佢一鑊。

「凡事不要去到太盡」

放開你手上張紙！

供稿者：快快快快快

有次去見工，HR 拎咗我張畢業證書正本去影印，唔知佢搞過咩嘢，拎到返嚟，我張證書爛咗，重要用膠紙黐返……

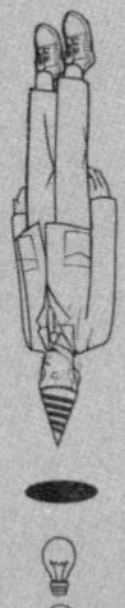

「建議做好兩手準備」

遞咗信就有好日子過？少年，你太年輕了……

供稿者：遞左信的我

最近忍唔到個黐線上司，終於遞咗信，但呢個月都唔好受，一直重要跟 project，就算有新 project 都交畀我，我一拒絕佢就話：「你一日未走，都需要做！」日日開會問我進度，重話：「你要諗埋四至五月嘅工作計劃！」正一用到盡，真係有病！

（利申：三月尾 last day。）

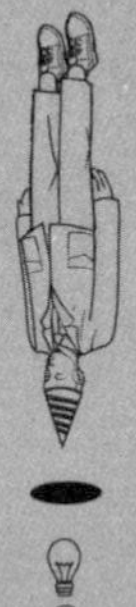

「事情與你的期望有落差」

無賴

供稿者：討厭叫天使哩的人

尋日有間分判商公司職員 send 錯 e-mail 畀我，但因為個 e-mail send 咗出去就收唔返，今日個分判商一朝早打嚟搵我，展開咗以下嘅對話：

分判商：「你知唔知我尋日 send 錯 e-mail 畀你？」

我：「我知呀。」

分判商：「你做乜唔即時打電話同我講 send 錯咗？你知啦！大判 officer 嘅 e-mail address 都好似，我唔知撳錯咗㗎！如果發現有錯，你一定要即時打嚟同我講，等我 send 返畀人哋。人哋今日同我講收唔到，我睇返先知 send 錯咗畀你。」

我冷笑咗一下：「嗯……我以為你知道 send 錯咗已經重 send。你知啦，e-mail send 咗就冇得收返，我哋所有同事都係 send 錯咗再自己重 send 一次。」

分判商：「我知你辭職準備走，但你做嘢唔可以咁囉！你見到有問題，就應該打畀我同我講聲，等我知自己 send 錯呀！」

點解佢可以明明自己做錯嘢，重要怪返人哋轉頭！

「毋須將所有責任攬上身」

兩年又兩年，五十歲都嚟啦！

供稿者：被錘打的小釘子

當年舊上司退休換咗新經理上台，以高壓方式管治，同事們一個接一個咁離職，新嚟嘅每一位同事，最長都係做咗年幾就走。而我年紀偏大唔易轉工，加上心存僥幸，覺得新經理四處得罪其他部門嘅經理，又同佢上司關係唔好，心諗新經理應該好快就會被辭職。

點知過咗幾年，呢位經理依然喺度，反而佢嘅上司都走埋，但我又心存僥幸，又忍多幾年，諗住忍多兩年到佢六十歲都要退休。如是者又過咗兩年，公司同呢位經理又續咗約，而家真係唔知佢幾時先會走……

直到今年，我終於頂唔順佢嘅霸凌而辭職，蹉跎咗咁多年，自己都五十歲，做唔返原本嗰行，唯有走去做保安。喺呢件事上，好想提醒大家，當環境變咗時，自己都要求變，唔好心存僥幸！

「不要心存僥幸」

你炒我唔到，炒我唔到！

供稿者：喺屋企無嘢做

舊年疫情好轉時成功轉工，但新工個超好嘅阿頭就走咗，空降咗個新請嘅manager，佢其實想架空我，整走晒我啲工作，重要周圍同人講我表現差，想順勢搞走我，但佢自己做嘢又麻麻，係咁得罪人，上面都唔係好鍾意佢，不過就算佢曾經同高層反映過我表現差都冇人話炒我……

呢個狀況維持咗半年，我幾乎冇嘢做……但係糧就照出，而且在家工作，我就日日都覺得自己好似死廢柴咁，喺屋企無所事事……其實我喺呢間公司都冇得發展，冇嘢做又學唔到嘢，想轉工但又驚之後份工唔穩定。

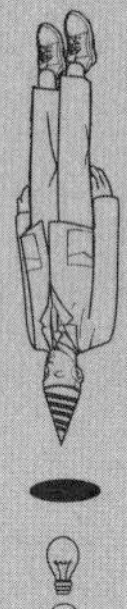

「跳出 comfort zone 吧」

穿越時空的見工者

供稿者：傻人發現案

有個男人，無緣無故走上嚟話要見工。我問佢有冇預約，佢話：「冇，但我喺一個鐘前 send e-mail 講咗會嚟見工！」我：「唔可以就咁想見工就見工，要安排人手，我哋要安排下先。」佢：「唔使！」之後佢一邊走，一邊係咁望住 reception 妹妹，係咁喃喃自語鬧我黐線，冇停過咁鬧……後來睇返 record，我哋喺 2020 年約過佢見工，但而家係 2023 年……

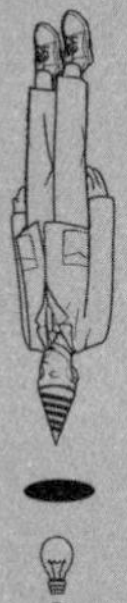

「别只看事情的表面」

表錯情同事(1)

供稿者：準時收工

有個同事成日刷鞋同扮OT，日日深夜喺個公司group send張office得返自己一個嘅相出嚟，話：「加班中，要加油！」等等……以前有個上司好buy佢，但最近換咗上司，個同事諗住又用呢招，點知表錯情，新上司覆佢：「如果公司安排過量工作而人手不足，請向我反映，我會處理，如果工作適量但你需要成日加班，請檢討自己嘅時間管理能力，重有，冇人想喺深夜重收到關於做嘢嘅message，呢次係最後一次！」

「不宜做太多小動作」

表錯情同事(2)

供稿者: 準時收工

表錯情同事竟然cap返我上一份投稿出嚟，話有同事泄露公司內部對話，問上司會點樣公平處分，佢今次醒，喺辦公時間send出嚟，但上司又神回應：「希望你喺辦公時間專心做嘢，唔好掛住睇Facebook，呢則投稿冇寫到公司名，唔會導致公司損失，所以唔需要理，我唔會限制同事匿名投稿，始終香港係一個民主自由嘅地方。」重點係佢最後重要加多個微笑emoji，真係笑死我。

「暫停一下，不然情況只會越來越差」

表錯情同事(3)

供稿者：準時收工

尋日上司全日出咗去開會，有份急件要做，但其他人都超爆勁忙，上司就喺 group 叫表錯情同事做啲嘢，大約要搞一個鐘左右，表錯情同事即時覆：「小姐，我已經好多嘢做，冇時間做！」上司就問佢手上有咩做緊，過咗成個鐘，佢先覆一大段嘢列明過去幾日每個小時佢做咗咩，但係佢列嘅工作都好廢，例如安排速遞收件要一個鐘，打少少字又要一個鐘咁……

然後上司覆：「過去嗰一個鐘，你本來可以完成個 job，但你揀咗用嚟總結你過去做咗啲咩，唔怪得你今日要 OT，真感謝你嘅付出。」然後又有微笑 emoji。

跟住表錯情同事 keep 住每日都會喺個 group 度講下自己做咗咩，但上司睇完都冇再回應，早兩日表錯情同事又 OT，今次佢改咗去有老世喺入面嘅 group 度 send message 出嚟，話為咗公司會 OT 努力，老世都未覆，上司就 copy 返表情錯同事個 job list 喺個 group 度，而個 job list 明眼人就知冇可能要 OT，老世過咗一陣覆：「Thx，XXX」XXX 係上司個名。

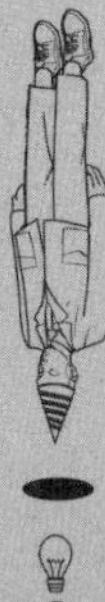

「看清形勢吧！」

表錯情同事(4)

供稿者：準時收工

有排因為社會狀況，公司有幾日公布住喺相關地區嘅同事可以早啲走，表錯情同事大大聲話：「哇，你哋住新界真係著數呀！成日有得早收，真係諗起都開心！」但今次K.O.佢嘅唔再係上司，而係普通同事：「你今晚入去隨時俾人打到入廠，又可以請病假，真係開心！」跟住表錯情同事話要向上司投訴有人恐嚇佢！

其實最後我哋都唔知表錯情同事有冇真係投訴到，但聽講有一日，佢同另一個同事表示，要求上司叫嗰位同事至少都send返封e-mail界所有人向佢道歉，同埋請返佢食和解飯，如果唔係就真係告佢恐嚇，同事就好大反應咁話：「你而家係咪勒索我請你食飯？我會報警喫！」好似自嗰日起，表錯情同事就冇再提過呢件事……

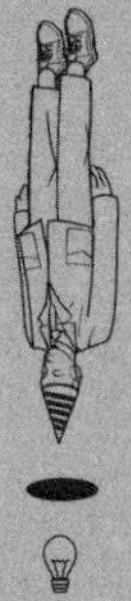

「試試智取」

表錯情同事(5)

供稿者：準時收工

記得當年表錯情同事第一日返工，HR 帶佢遊花園時佢一見到高級嘅同事或老世，就好大聲講：「我會竭盡所能，為你同公司服務！」所以當時我哋上司係勁 buy 佢……

講返而家，話說公司因為疫情在家工作咗好耐，生意越嚟越差，公司宣布所有同事都要返 office，表錯情同事就喺 group 度即刻話：「大家終於歸位，終於唔使得我一個撐住，好感激！」

「太進取不是一件好事」

表錯情同事(6)

供稿者：準時收工

而家其實好多嘢都電腦化，例如用電腦記錄工作進度……但表錯情同事乜都唔會用電腦記錄，佢硬係要用紙、便條記低，然後亂咁放喺枱，全部都係得佢自己先睇得明。以前個上司又唔理佢，所以佢成日都好自豪，話自己一放假就冇人跟到佢啲嘢，真係畀佢吹脹！

而家個女上司一嚟到就要求佢用電腦記低，然後有次佢唔知係咪食咗誠實豆沙包，同女上司嘈：「如果個個睇住就跟到我啲嘢！咁我有咩價值？」女上司嗰次都好嬲咁答佢：「你唔 mark 就即刻冇價值，mark 就放假時冇價值，你揀！」

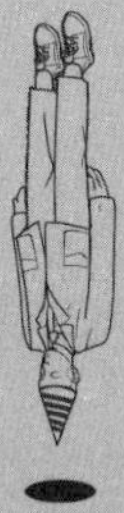

「不要勉強做一些沒有把握的事情」

請跟隊

供稿者：外國奴工

而家喺外國返工，搵咗份基層工，份工每工作兩個鐘，就有十五分鐘休息時間，有次手頭上有啲嘢未做完，諗住繼續做埋先休息，點知俾上司大大聲鬧我破壞規矩，叫我即刻休息……